DIREITO IMOBILIÁRIO

CONDOMÍNIOS EDILÍCIOS

INDENIZAÇÃO POR DANOS MORAIS EM
CONDOMÍNIOS EDILÍCIOS

RICARDO MENEGUSSI PEREIRA

BRASIL

Curitiba

2020

RICARDO MENEGUSSI PEREIRA

INDENIZAÇÃO POR DANOS MORAIS
EM CONDOMÍNIOS EDILÍCIOS

Artigo Científico Jurídico.

BRASIL

Curitiba

2020

AGRADECIMENTOS

Agradeço a todos os professores que dedicam suas vidas e tempo útil fortalecendo o conhecimento de seus alunos e dando esperança de uma sociedade melhor.

Os mais profundos agradecimentos à Deus pelos desafios propostos que tanto me fizeram mais forte e edificaram uma fé inabalável em minha existência.

Ainda menciono em meus agradecimentos meus avós que construíram em minha vida um exemplo de dignidade, força de vontade e de trabalho honesto, valorizando as pessoas do círculo de amizades, e respeitando à todos com igualdade e sem interesses ocultos.

RESUMO

PEREIRA, Ricardo Menegussi: **INDENIZAÇÃO POR DANOS MORAIS EM CONDOMÍNIOS EDILÍCIOS.** Direito Imobiliário, Curitiba, ano 2020.

O presente artigo científico busca fazer uma análise sobre o processo de INDENIZAÇÃO POR DANOS MORAIS EM CONDOMÍNIOS EDILÍCIOS na esfera judicial brasileira, tanto no aspecto jurídico como extrajudicial. Analisando detalhadamente os principais fatores de lides em condomínios edilícios que acabam demandando pleitos judiciais por dano moral, assim como medidas preventivas para harmonizar e mediar conflitos evitando o envolvimento do poder judiciário e sua decorrente saturação.

Palavras-chave: Indenização, danos morais, condomínio,

PEREIRA, Ricardo Menegussi: **INDENIZAÇÃO POR DANOS MORAIS EM CONDOMÍNIOS EDILÍCIOS.** Direito Imobiliário, Curitiba, ano 2020.

ABSTRACT

PEREIRA, Ricardo Menegussi: **INDENIZAÇÃO POR DANOS MORAIS EM CONDOMÍNIOS EDILÍCIOS.** Direito Imobiliário, Curitiba, 2020.

The present work seeks to make an analysis on the process of INDEMNITY FOR MORAL DAMAGES IN CONDOMINIUMS in the Brazilian judicial sphere, both in legal and extra-judicial aspects. Analyzing in detail the main factors of litigation in condominiums that end up demanding lawsuits for moral damages, as well as preventive measures to harmonize and mediate conflicts avoiding the involvement of the judiciary and its consequent saturation.

Keywords: Indemnity, moral damages, condominium

Sumário

LISTA DE SIGLAS 8

1. INTRODUÇÃO 9

2. DESENVOLVIMENTO...14

    2.1. O DANO MORAL..14

    2.2. INDENIZAÇÃO POR DANO MORAL....................................18

    2.3. PEDIDO DE INDENIZAÇÃO POR DANO MORAL 19

3. DANO MORAL EM CONDOMÍNIOS EDILÍCIO 25

    3.1. DANO MORAL EM MÍDIAS SOCIAIS 26

    3.2. DANO MORAL POR CONFLITOS DE CONVIVÊNCIA 28

    3.3. DANO MORAL POR EXPOSIÇÃO DE IMAGENS..............29

    3.4. DANO MORAL POR EXPOSIÇÃO DE INADIMPLENTES...31

    3.5. DANO MORAL POR AUSÊNCIA DE ACESSIBILIDADE 32

    3.6. DANO MORAL POR FALTA DE MANUTANÇÃO DO CONDOMÍNIO..34

    3.7. DANO MORAL POR OUTROS FATORES 35

4. PREVENÇÃO DAS PRINCIPAIS LIDES EM CONDOMÍNIO EDILÍCIO 36

5. DECISÕES JUDICIAIS E SEUS EFEITOS NO CONVÍVIO DOS CONDÔMINOS...41

    5.1. RECORTES DE ACORDÃOS JUDICIAIS EM CONDOMÍNIOS EDILÍCIOS 41

    5.2. FORMAS DE PREVINIR LIDES EM CONDOMÍNIOS EDILÍCIOS 71

6. CONCLUSÃO 73

7. REFERÊNCIAS BIBIOGRÁFICAS 74

LISTA DE SIGLAS

EMBRAESP - Empresa Brasileira de Estudos de Patrimônio

OAB - Ordem dos Advogados do Brasil

ABADI - Associação Brasileira das Administradoras de Imóveis

ABNT - Associação Brasileira de Normas Técnicas

NBR - Norma Brasileira Registrada

PNE - Pessoa com Necessidades Especiais

SEBRAE - Serviço Brasileiro de Apoio às Micro e Pequenas Empresas

SECOVI - Sindicato da Habitação

ANVISA - Agência Nacional de Vigilância Sanitária

BNDES - Banco Nacional de Desenvolvimento Econômico e Social

CAPES - Coordenação de Aperfeiçoamento de Pessoal de Nível Superior

CNPq - Conselho Nacional de Desenvolvimento Científico e Tecnológico

IBGE - Instituto Brasileiro de Geografia e Estatística

INEP - Instituto Nacional de Estudos e Pesquisas Educacionais Anísio Teixeira

INMETRO - Instituto Nacional de Metrologia, Qualidade e Tecnologia

MEC - Ministério da Educação

SENAI - Serviço Nacional de Aprendizagem Industrial

SENAC - Serviço Nacional de Aprendizagem Comercial

SUS - Sistema Único de Saúde

TSE - Tribunal Superior Eleitoral

Essas siglas representam uma gama de instituições que são fundamentais em diferentes setores da sociedade brasileira, desde órgãos reguladores, instituições de fomento à pesquisa e desenvolvimento, entidades de classe, até serviços essenciais de saúde e educação.

1. INTRODUÇÃO

As últimas décadas testemunharam um aumento significativo na demanda e oferta de moradias em empreendimentos condominiais, impulsionado tanto pela busca por segurança quanto pela conveniência. Adicionalmente, a aquisição de unidades condominiais a preços competitivos, frequentemente inferiores aos custos de locação, aliada à disponibilidade de crédito, incentivos habitacionais e financiamentos imobiliários robustos, bem como o aprimoramento de técnicas construtivas, catalisaram um crescimento exponencial no número de Condomínios Edilícios. Um exemplo emblemático de incentivo governamental que estimulou esse crescimento foi o programa "Minha Casa Minha Vida". Ilustrativamente, de acordo com publicações do SEBRAE e do SECOVI-SP, em janeiro de 2002, a cidade de São Paulo contabilizava aproximadamente 40 mil Condomínios Edilícios. Somente no ano de

2009, foram lançados mais de 32 mil novos empreendimentos condominiais, em formatos tanto horizontais quanto verticais, na capital paulista. No Rio de Janeiro, a média anual de lançamentos é de cerca de 10 mil Condomínios Edilícios, conforme estimativas da Associação Brasileira das Administradoras de Imóveis (ABADI) e do SECOVI-RIO. Celso Petrucci, economista-chefe do SECOVI-SP, apontou que, em 2018, houve um incremento de 32.762 unidades residenciais condominiais lançadas na capital paulista, um dado originado pela Embraesp - Empresa Brasileira de Estudos de Patrimônio, conforme divulgado no Anuário do Mercado Imobiliário 2018 do SECOVI-SP. Importante destacar que, segundo o mesmo anuário, a taxa de desocupação imobiliária no início de 2017 era de 13,7%, caindo para 11,6% ao final de 2018[1].

A crescente concentração populacional em Condomínios Edilícios é acompanhada

---

[1] Anuário do Mercado Imobiliário 2018, SECOVI-SP. 2018. p.8.

pelo rápido e abrangente crescimento das redes de interação e mídia social, como Facebook, WhatsApp, Twitter, entre outras. Essas plataformas têm criado um cenário integrado, dinâmico e compartilhado, propício à existência de fóruns, grupos e páginas interativas para discussões e manifestações de opiniões, ideias, sugestões e desabafos em tempo real. Esse ambiente tem sido utilizado tanto positiva quanto negativamente, com ocorrências de infrações legais como ameaças, difamações, ofensas, suposições ardilosas, propagação de injúrias e notícias falsas.

Um dos desafios emergentes dessa alta densidade populacional em empreendimentos condominiais é o consequente agrupamento de indivíduos e famílias com intensa interatividade virtual, o que pode resultar no aumento de conflitos de interesses. Esses conflitos frequentemente demandam intervenção judiciária para sua resolução.

Este estudo visa compreender os impactos do crescimento da convivência humana em empreendimentos condominiais e as consequentes disputas judiciais por danos morais, bem como seus efeitos sobre a estrutura judiciária brasileira. A análise aprofundada deste tema justifica-se pela relevante elevação da taxa de ocupação dos Condomínios Edilícios residenciais, pela tendência crescente de famílias brasileiras optarem por residir em tais empreendimentos e pelo avanço das demandas (conflitos) que requerem a atenção do Poder Judiciário, muitas vezes discutindo questões de danos morais.

As informações para este estudo foram obtidas por meio de uma extensa revisão bibliográfica, pesquisas, estudos setoriais e documentos disponíveis na internet, além de textos legais contidos na Lei nº 13.105, de 16 de março de 2015 (Código de Processo Civil), e na Lei nº 10.406, de 10 de janeiro de 2002

(Código Civil), complementados por portais de jurisprudência estaduais e federais.

O objetivo deste desenvolvimento acadêmico é avaliar o impacto e verificar se a frequência dos julgados em ações recorrentes de disputas em Condomínios Edilícios sobrecarrega o Poder Judiciário.

2. DESENVOLVIMENTO

2.1. O DANO MORAL

O conceito de dano moral é abordado sob diversas perspectivas na literatura jurídica, mas pode-se sintetizar que tal dano refere-se à ação ou efeito de lesar a honra, a imagem ou a dignidade de um indivíduo, causando-lhe prejuízos de natureza não material.

O DANO MORAL é a ação ou efeito de vexar, danificar, causar prejuízo ou estrago a imagem de um indivíduo perante a sociedade, afetando a vida cotidiana(rotineira) de um indivíduo de forma incorpórea.

Segundo o autor Antônio Jeová Santos[2], Juiz de Direito em São Paulo, em sua obra "Dano Moral Indenizável", discorre sobre o princípio do "alterum non laedere", que se traduz na máxima de não causar dano a outrem. Já no capítulo primeiro, na quarta página ele faz a seguinte referência;

> "O alterum non laedere, concebido pelo gênio romano, infenso às abstrações filosóficas, mas perene no elaborar regras para o bom viver do cotidiano, constitui todo o direito de danos, tanto na fase antiga como moderna. Viver na época atual, em que os conflitos na sociedade se sucedem, é algo que necessita da mais ampla proteção do direito. Porque o homem deve viver honestamente, a consequência direta é que não prejudique seus semelhantes. Quando ocorre o contrário, existe conduta imprópria, ilícita. O não causar dano a outrem surge do dever de fazer justiça, pois quem lesiona algo ou alguém, priva este último de alguma coisa, tira-lhe o que antes se aproveitava, seja porque estava em seu próprio ser (honra, intimidade, vida privada),

---

[2] SANTOS, Antônio Jeová. Dano Moral Indenizável. 6. ed. São Paulo: Jus Podivm, 2016.

> *seja em seu patrimônio material."*

O autor Antônio Jeová Santos estabelece como claro que tanto nos tempos remotos como nos modernos, a convivência entre os indivíduos gera conflitos que necessitam de ampla proteção do direito.

Ainda no capítulo primeiro, na quarta e quinta página ele faz a seguinte referência;

> *"Quando violado o dever genérico de não lesar o próximo ocorre, para o ofensor, um outro dever que, como se fosse o reverso da medalha, pode ser moral ou jurídico, obriga-o a indenizar. Se essa violação atinge a vítima, causando menoscabo no espírito ou detrimento no patrimônio, estar-se-á diante do* **dano moral** *e da lesão patrimonial, respectivamente. O ofendido pode dar a resposta traduzida no anseio de ser ressarcido pelo mal que o agravou."*

Assim, Santos estabelece o **dano moral** como uma lesão que deve ser obrigada de reparação e indenização do ofensor para com a vítima(ofendido). Ele ainda deixa claro em sua composição literária que a INDENIZAÇÃO pelo DANO MORAL é apenas um lenimento.

O autor André Gustavo C. de Andrade[3], Juiz de Direito e Professor de Direito Civil e Processo Civil da EMERJ, em publicação intitulada "A Evolução do Conceito de Dano Moral" na Revista da EMERJ ano 2003 faz uma conclusão sobre dano moral;

> *"Dano moral não se confunde com dor, sofrimento, tristeza, aborrecimento, infelicidade, embora, com grande frequência, estes sentimentos resultem dessa espécie de dano.*
>
> *Afastada a necessidade de dor, sofrimento espiritual ou qualquer espécie para o reconhecimento do respectivo direito de indenização a pessoas incapazes de consciência e discernimento (como se dá no caso das crianças de tenra idade e em alguns ~~casos de doença me~~ntal), ou, mesmo, de*

---

[3] ANDRADE, André Gustavo C. de. A Evolução do Conceito de Dano Moral. Revista da EMERJ, v. 6, n. 24, 2003.

> *pessoas incapazes de manifestações psíquicas ou sensoriais negativas diante da ofensa a algum direito de sua personalidade (como no caso de pessoas em estado comatoso)."*

Desta forma para fins desse desenvolvimento acadêmico fixa-se o entendimento de dano moral como um prejuízo(ofensa) a integridade particular moral de um indivíduo com impacto direto nas características psíquicas deste.

Desta forma para fins desse desenvolvimento acadêmico fixa-se o entendimento de dano moral como um prejuízo(ofensa) a integridade particular moral de um indivíduo com direto impacto anímico(psicológico) deste. Assim estabelece-se, aqui, que o dano moral consiste em um prejuízo ou ofensa à integridade moral particular de um indivíduo, acarretando um impacto direto em seu ânimo, ou seja, em sua esfera psicológica.

2.2. INDENIZAÇÃO POR DANO MORAL

Está na CONSTITUIÇÃO DA REPÚBLICA FEDERATIVA DO BRASIL DE 1988, no TÍTULO II - DOS DIREITOS E GARANTIAS FUNDAMENTAIS, CAPÍTULO I - DOS DIREITOS E DEVERES INDIVIDUAIS E COLETIVOS artigo 5º *"Todos são iguais perante a lei, sem distinção de qualquer natureza, garantindo-se aos brasileiros e aos estrangeiros residentes no País a inviolabilidade do direito à vida, à liberdade, à igualdade, à segurança e à propriedade, nos termos seguintes: V - é assegurado o direito de resposta, proporcional ao agravo, além da indenização por dano material, moral ou à imagem; X - são invioláveis a intimidade, a vida privada, a honra e a imagem das pessoas, assegurado o direito a indenização pelo dano material ou moral decorrente de sua violação;"*

Assim, a Constituição Federal Brasileira estabelece indenização por dano moral em seu artigo 5 a igualdade de todos perante a lei, sem distinções, garantindo aos brasileiros e aos estrangeiros residentes no país a inviolabilidade do direito à vida, à liberdade, à igualdade, à segurança e à propriedade.

Os incisos V e X do referido artigo estabelecem, respectivamente, o direito de resposta, proporcional ao agravo, além da indenização por dano material, moral ou à imagem, e a inviolabilidade da intimidade, da vida privada, da honra e da imagem das pessoas, assegurando o direito à indenização pelo dano material ou moral decorrente de sua violação.

Portanto, a Carta Magna brasileira reconhece expressamente a indenização por dano moral.

2.3. PEDIDO DE INDENIZAÇÃO POR DANO MORAL

O PEDIDO DE INDENIZAÇÃO POR DANO MORAL é um tema que sempre causou controvérsia, e sempre suscitou debates acalorados entre os juristas brasileiros. O Código de Processo Civil de 1973 consolidou a jurisprudência acerca da admissibilidade de pedidos genéricos de danos morais, isto é, conforme a peculiaridade do caso, admitia-se a formulação de um pedido de reparação por danos morais sem a necessidade de especificação quantitativa.

Com a promulgação do Código de Processo Civil de 2015, manteve-se a permissão para o pedido genérico, conforme estipula o artigo 324, § 1º, inciso II: "É lícito, porém, formular pedido genérico [...] quando não for possível determinar, desde logo, as consequências do ato ou do fato".

Esta disposição é aplicável ao pedido de indenização por danos morais, especialmente em situações onde a conduta lesiva continua a produzir efeitos, tornando inviável a aferição imediata da extensão do dano moral. Assim, abre-se a possibilidade de um pedido indeterminado.

Ademais, o mesmo artigo, no inciso III do § 1º, estabelece que: "É lícito, porém, formular pedido genérico [...] quando a determinação do objeto ou do valor da condenação depender de ato que deva ser praticado pelo réu". Tal dispositivo também se mostra aplicável aos pleitos indenizatórios por danos morais, permitindo a formulação de um pedido que dependa de uma ação futura para a sua quantificação.

Assim, na hipótese de, no momento da propositura da ação, não ser viável a quantificação do dano moral, permanece admissível a formulação de pedido genérico de indenização por danos morais, conforme preceitua a Lei nº 13.105, de 16 de março de 2015, que institui o Código de Processo Civil. Contudo, excetuando-se os incisos mencionados, aplica-se o artigo 292 do mesmo diploma legal, que determina: "O valor da causa constará da petição inicial ou da reconvenção e será: V - na ação indenizatória, inclusive a fundada em dano moral, o valor pretendido". Destarte, o valor deve ser explicitado na petição inicial, sob pena de ser considerada inepta.

Portanto, é imperioso alinhavar o entendimento da evolução normativa desde o Código de Processo Civil de 1973, que, sob a égide da jurisprudência da época, admitia a formulação de pedidos genéricos em ações indenizatórias por dano moral, delegando ao magistrado a prerrogativa de arbitrar o montante indenizatório, para a atual legislação processual civil de 2015, que exige a indicação do valor almejado.

Tal exigência repercute, inclusive, no âmbito da sucumbência, instaurando o ônus de o demandante arcar com as consequências de seu pleito indenizatório, mitigando a anterior liberdade de formular pedidos genéricos ou contingenciais.

LEI Nº 13.105, DE 16 DE MARÇO DE 2015.
Código de Processo Civil.
Seção II
Do Pedido
Art. 324. O pedido deve ser determinado.
§ 1o É lícito, porém, formular pedido genérico:
I - nas ações universais, se o autor não puder individuar os bens demandados;
II - quando não for possível determinar, desde logo, as consequências do ato ou do fato;
III - quando a determinação do objeto ou do valor da condenação depender de ato que deva ser praticado pelo réu.
LEI Nº 13.105, DE 16 DE MARÇO DE 2015.
Código de Processo Civil.
TÍTULO V
DO VALOR DA CAUSA
Art. 292. O valor da causa constará da petição inicial ou da reconvenção e será:
V - na ação indenizatória, inclusive a fundada em dano moral, o valor pretendido;

LEI No 10.406, DE 10 DE JANEIRO DE 2002. Código Civil.

TÍTULO III

Dos Atos Ilícitos

Art. 186. Aquele que, por ação ou omissão voluntária, negligência ou imprudência, violar direito e causar dano a outrem, ainda que exclusivamente moral, comete ato ilícito.

CONSTITUIÇÃO DA REPÚBLICA FEDERATIVA DO BRASIL DE 1988

TÍTULO II

DOS DIREITOS E GARANTIAS FUNDAMENTAIS

CAPÍTULO I

DOS DIREITOS E DEVERES INDIVIDUAIS E COLETIVOS

Art. 5º Todos são iguais perante a lei, sem distinção de qualquer natureza, garantindo-se aos brasileiros e aos estrangeiros residentes no País a inviolabilidade do direito à vida, à liberdade, à igualdade, à segurança e à propriedade, nos termos seguintes:

V - é assegurado o direito de resposta, proporcional ao agravo, além da indenização por dano material, moral ou à imagem;

X - são invioláveis a intimidade, a vida

privada, a honra e a imagem das pessoas, assegurado o direito a indenização pelo dano material ou moral decorrente de sua violação;

3. DANO MORAL EM CONDOMÍNIOS EDILÍCIO

Essa proximidade forçada entre moradores, por vezes, desemboca em conflitos interpessoais que transcendem o mero incômodo, alcançando esferas jurídicas de reparação civil.

A convivência em condomínios, embora planejada para promover harmonia e coletividade, não raro é palco de desavenças que culminam em atos lesivos à honra e à dignidade dos indivíduos.

As desavenças habitacionais, que inicialmente podem se manifestar como simples reclamações ou divergências de opiniões, frequentemente evoluem para oposições de interesses mais significativas.

Não é incomum que tais conflitos escalonem para perseguições a funcionários e colaboradores, injúrias dirigidas ao síndico ou aos membros do conselho, configurando, assim, o que a doutrina e a jurisprudência contemporâneas identificam como dano moral.

O dano moral, nesse contexto, é caracterizado pela violação dos atributos da personalidade, como a honra, a imagem e a privacidade, causando sofrimento psicológico, humilhação ou desprestígio ao indivíduo afetado. A jurisprudência brasileira tem reconhecido a legitimidade da compensação por danos morais em litígios condominiais, sob o entendimento de que a vida em sociedade demanda respeito mútuo entre os condôminos e que a violação desse princípio básico de convivência justifica a reparação.

Ações judiciais envolvendo danos morais em condomínios edilícios, portanto, não são raras e refletem a complexidade das relações humanas contemporâneas. E nesse contexto o dano moral em condomínios edilícios representa um desafio jurídico e social, exigindo dos operadores do direito uma análise crítica e detalhada de cada caso, considerando os princípios da dignidade da pessoa humana e da função social da propriedade, ambos amplamente assegurados pela Constituição Federal de 1988 e pelo Código Civil de 2002.

A gestão condominial e os moradores devem estar atentos às suas ações e interações, a fim de promover um ambiente de respeito e harmonia, evitando, assim, a judicialização de conflitos que poderiam ser resolvidos no âmbito da comunidade.

3.1. DANO MORAL EM MÍDIAS SOCIAIS

A ascensão e a velocidade da internet contemporânea proporcionaram um cenário em que proliferam grupos em mídias, redes e plataformas sociais digitais. Tais grupos são frequentemente constituídos por moradores de Condomínios Edilícios e abordam uma variedade de temas atinentes ao cotidiano e à gestão do empreendimento habitacional.

Esses espaços virtuais, que poderiam ser palco para a troca de experiências, dicas, opiniões e ideias construtivas, não raro desviam-se para a veiculação de suspeitas infundadas, acusações levianas, exigências descabidas, ameaças e ofensas, gerando verdadeiras contendas.

Há uma tendência equivocada de alguns indivíduos em tratar esses grupos ou canais virtuais como extensões indefinidas das assembleias condominiais, adotando uma dinâmica como se esses espaços fossem palcos de uma assembleia permanente.

Nesse contexto, presumem-se detentores de todas as garantias, prerrogativas e imunidades típicas das assembleias presenciais, um ambiente no qual o poder judiciário brasileiro tem demonstrado uma postura de leniência em relação às questões ali discutidas.

O entendimento prevalente é de que a assembleia é o foro ideal para que os condôminos analisem, debatam e deliberem sobre assuntos intrínsecos ao condomínio.

No entanto, essa tolerância judiciária não se estende de maneira equivalente às discussões, injúrias e ofensas perpetradas em grupos ou canais de mídias sociais.

O Poder Judiciário brasileiro, atualmente, tem se posicionado de forma mais assertiva e menos condescendente ao deferir pedidos de indenização por danos morais em face de condôminos que utilizam essas plataformas digitais para perpetrar ofensas, suspeitas infundadas, injúrias, calúnias, ameaças ou ridicularização de outros moradores, bem como em relação à atuação do síndico, membros do conselho consultivo, funcionários e colaboradores terceirizados.

Essa mudança de postura reflete uma crescente compreensão de que o ambiente virtual é uma extensão do espaço público e, como tal, sujeito às normas de convivência social e respeito mútuo que regem a vida em sociedade. A responsabilização por atos que ultrapassem os limites do aceitável e infrinjam a honra e a dignidade das pessoas é um mecanismo de reafirmação da ética e da legalidade nas interações sociais, inclusive no ambiente digital.

3.2. DANO MORAL POR CONFLITOS DE CONVIVÊNCIA

Inúmeras situações que motivam a intervenção do Poder Judiciário têm sua gênese em conflitos de convivência entre vizinhos, desencadeados por episódios do dia a dia que, embora possam parecer banais, são capazes de gerar desgastes significativos.

Entre os exemplos mais recorrentes estão os latidos de cães, o choro de bebês, o barulho proveniente de brincadeiras infantis, o fumo em locais compartilhados, o volume elevado de aparelhos sonoros, desacordos sobre o uso de vagas de estacionamento, a utilização das áreas comuns e a decoração em espaços coletivos. Essas circunstâncias podem escalar para agressões verbais e, em situações extremas, físicas, demandando, por vezes, a intervenção das autoridades policiais.

Os conflitos em condomínios edilícios frequentemente se iniciam com simples discordâncias ou mal-entendidos, muitas vezes decorrentes de falhas na comunicação ou de uma deficiente cultura de diálogo. Sem uma resolução tempestiva e preventiva, essas pequenas fissuras na convivência podem se alargar, evoluindo para disputas e litígios intensos, que acabam por se materializar em processos judiciais dispendiosos e solicitações de indenização por danos morais.

Essas querelas, ainda que possam ser percebidas como de menor gravidade, espelham a intrincada teia das interações humanas em ambientes coletivos. O ordenamento jurídico, por meio de sua jurisprudência, tem se dedicado a examinar tais questões, visando fomentar a coexistência harmoniosa e o respeito recíproco, pilares fundamentais para o convívio social.

A procura por mecanismos de conciliação é sempre aconselhável, visando a uma resolução amistosa dos desentendimentos. Contudo, quando as alternativas conciliatórias se mostram infrutíferas, torna-se imprescindível a atuação do sistema judiciário para dirimir os impasses e assegurar a justa compensação pelos prejuízos morais experimentados.

3.3. DANO MORAL POR EXPOSIÇÃO DE IMAGENS

Uma das fontes robustas de imagens

em um empreendimento é o sistema de CFTV.

O sistema de Circuito Fechado de Televisão (CFTV) representa uma das mais robustas fontes de captação de imagens em empreendimentos diversos. No entanto, o uso inadequado desses sistemas ou a divulgação imprópria das imagens captadas configura uma significativa causa de ações judiciais por danos morais. O propósito primordial do CFTV é assegurar a segurança das pessoas e do patrimônio monitorado.

Este sistema não apenas protege o patrimônio - prevenindo, por exemplo, assaltos, constatando danos em veículos, depredações de áreas comuns - mas também resguarda a integridade pessoal, como em casos de assédio entre vizinhos ou por parte de prestadores de serviço, e invasões domiciliares, entre outras situações que possam comprometer a segurança individual.

O monitoramento por câmeras é,

portanto, um recurso que exige cautela extrema na gestão de seu conteúdo, tanto sob a ótica do direito à imagem quanto da privacidade. A não observância das normas, preceitos e regras infraconstitucionais e constitucionais relacionadas à proteção da imagem e da privacidade pode resultar em violações graves.

Ademais, a divulgação não autorizada dessas imagens ou seu uso de maneira a violar a privacidade dos indivíduos pode, indubitavelmente, resultar em ações indenizatórias sob a alegação de dano moral. É imperativo que a administração de sistemas de CFTV opere com rigoroso respeito às legislações pertinentes, a fim de evitar a responsabilização civil por danos morais decorrentes de exposição indevida de imagens.

3.4. DANO MORAL POR EXPOSIÇÃO DE INADIMPLENTES

A exposição pública de condôminos inadimplentes tem sido um fator contribuinte para conflitos judiciais desnecessários. No cenário econômico atual, observa-se um aumento significativo na inadimplência das taxas condominiais em vários estados do Brasil. Em resposta, as administrações condominiais, impulsionadas pela necessidade de gerir as finanças do empreendimento e assegurar a liquidez das cotas em atraso - especialmente considerando o orçamento limitado de muitos condomínios - optam por estratégias que envolvem a exposição dos nomes dos inadimplentes. Essa exposição ocorre por meio de murais, quadros de avisos, incluindo espaços internos dos elevadores, e cartazes nas áreas comuns, divulgando de forma vexatória aqueles que estão em débito com suas obrigações financeiras junto ao condomínio.

Essas práticas, embora visem combater a inadimplência, acabam infringindo a dignidade dos indivíduos envolvidos.

A exposição pública, muitas vezes degradante, humilhante e aviltante, fere a reputação e a honra dos condôminos, criando um ambiente difamatório. Esta situação, caracterizada por sua natureza deteriorante da moral e da honra do exposto, frequentemente culmina em litígios judiciais. Os processos, neste contexto, são fundamentados em alegações de dano moral, fruto da exposição indevida e lesiva dos condôminos inadimplentes.

3.5. DANO MORAL POR AUSÊNCIA DE ACESSIBILIDADE

A temática da acessibilidade tem se mostrado um fator crítico no acúmulo de litígios que exigem intervenção judicial. Estes poderiam ser prevenidos e evitados com uma gestão mais atenta por parte das administrações de condomínios. O Decreto nº 5.296, de 2 de dezembro de 2004, desempenha um papel fundamental nesse contexto. Este decreto regulamenta as Leis nºs 10.048, de 8 de novembro de 2000, que estabelece prioridade de atendimento às pessoas especificadas, e 10.098, de 19 de dezembro de 2000, que delineia normas gerais e critérios básicos para promover a acessibilidade de pessoas portadoras de deficiência ou com mobilidade reduzida. Adicionalmente, a normativa ABNT NBR 9050:2004/2015 aborda a "Acessibilidade a edificações, mobiliário, espaços e equipamentos urbanos", estabelecendo um conjunto de exigências e normas para assegurar que as construções atendam às necessidades dos portadores de necessidades especiais (PNE).

Contudo, seja por limitações de recursos ou por negligência às normas brasileiras, a administração de diversos condomínios residenciais frequentemente falha em cumprir as normativas de acessibilidade. Essa omissão resulta na necessidade de intervenção jurídica e no surgimento de pleitos por danos morais devido ao constrangimento causado pela falta de acessibilidade. A ausência de medidas adequadas de acessibilidade não só viola diretrizes legais, mas também implica em danos morais significativos aos indivíduos afetados, evidenciando a necessidade de uma gestão condominial mais responsável e consciente das implicações legais e éticas de suas ações (ou inações) em relação à acessibilidade.

3.6. DANO MORAL POR FALTA DE MANUTANÇÃO DO CONDOMÍNIO

A negligência na manutenção preventiva ou a adoção de soluções reativas ineficazes em condomínios frequentemente desencadeiam disputas desnecessárias.

Além disso, os condôminos podem ser

expostos a condições insalubres devido a problemas como umidade e mofo, bem como ao contato com fluidos de esgoto. Aspectos como a ausência de manutenção adequada em fachadas, coberturas, terraços, assim como nas tubulações de esgoto e águas pluviais, figuram entre os principais motivadores de conflitos entre moradores e a gestão dos empreendimentos.

Essa situação resulta em um acúmulo significativo de ações judiciais, que envolvem tanto a exigência de reparos (obrigação de fazer) quanto reivindicações por danos morais e materiais.

Umidade resultante de vazamentos, infiltrações devidas a obras mal executadas, e refluxo em tubulações de esgoto devido a entupimentos são exemplos comuns de problemas que culminam em disputas judiciais. Frequentemente, esses casos acarretam demandas substanciais por compensação de danos materiais e morais.

3.7. DANO MORAL POR OUTROS FATORES

Além dos aspectos já mencionados, os condomínios edilícios enfrentam uma série de desafios que frequentemente culminam em disputas judiciais. Entre esses desafios, destacam-se:

- Extravio de Correspondências e Encomendas: Problemas relacionados à perda ou ao manuseio inadequado de correspondências e encomendas dentro do ambiente condominial.
- Furtos por Colaboradores Terceirizados ou Prestadores de Serviço: Incidentes de furto ou apropriação indevida de bens dos condôminos por trabalhadores terceirizados ou prestadores de serviços no condomínio.
- Interrupções de Serviços Essenciais: Cessação do fornecimento de serviços básicos como gás e água,

frequentemente resultante de inadimplência de pagamentos.
- Protestos Indevidos de Condôminos: Ações impróprias ou ilegais por parte de membros do condomínio, gerando conflitos internos e possíveis disputas legais.
- Ineficiência Administrativa: Falhas na gestão do condomínio, especialmente na condução de questões internas e na comunicação com os condôminos.
- Alterações de Normas ou Regras: Mudanças nas regulamentações internas do condomínio que podem levar a desacordos ou mal-entendidos entre os residentes.
- Uso Indevido dos Recursos do Empreendimento: Utilização de recursos do condomínio sem a devida aprovação da assembleia, levando a disputas sobre a gestão e a alocação desses recursos.

- Não Atendimento aos Dispositivos da Convenção Condominial: Falhas em cumprir com as diretrizes estabelecidas na convenção do condomínio, gerando conflitos legais e administrativos.

Essas questões, frequentemente encontradas nas demandas jurídicas, poderiam ser majoritariamente evitadas por meio de medidas preventivas e uma gestão condominial mais eficaz e transparente.

4. PREVENÇÃO DAS PRINCIPAIS LIDES EM CONDOMÍNIO EDILÍCIO

Ao identificar as principais fontes de conflitos em Condomínios Edilícios, emerge a questão sobre as estratégias preventivas para evitar tais lides. O Código Civil Brasileiro, Lei Nº 10.406, de 10 de janeiro de 2002, estabelece diretrizes para o Condomínio Edilício e sua administração, destacando o papel do síndico.

Lei Nº 10.406, de 10 de Janeiro de 2002 - Código Civil

Capítulo VII: Do Condomínio Edilício

Seção II: Da Administração do Condomínio

Art. 1.347: A assembleia escolherá um síndico, que poderá não ser condômino, para administrar o condomínio por um prazo não superior a dois anos, renovável.

Art. 1.348: Competências do síndico incluem:

I. Convocar a assembleia dos condôminos;

II. Representar o condomínio, ativa e passivamente, em juízo ou fora dele;

III. Informar a assembleia sobre procedimentos judiciais ou administrativos relevantes;

IV. Cumprir e fazer cumprir a convenção, o regimento interno e as decisões da assembleia;

V. Zelar pela conservação das partes comuns e serviços aos possuidores;

VI. Elaborar o orçamento anual;

VII. Cobrar contribuições e multas dos condôminos.

Dessa forma, o Código Civil confere ao síndico um papel central na administração e representação do condomínio edilício.

Como gestor e mediador, o síndico assume a responsabilidade de propor soluções preventivas e harmonizar as relações entre condôminos, atuando como um agente pacificador.

Além disso, o síndico se posiciona no núcleo das questões administrativas, detendo responsabilidades civis e criminais relacionadas às operações do condomínio. É incumbido de harmonizar os interesses e expectativas dos condôminos, intervindo em conflitos e promovendo a comunicação efetiva e conciliação.

O síndico também é responsável pelo censo do condomínio, mantendo registros atualizados de prestadores de serviço, moradores, visitantes e animais, além de monitorar a inadimplência, ocorrências e aspectos orçamentários. Ele lidera os canais de comunicação, assegurando a transparência e o acesso à informação por todos os envolvidos.

Portanto, como guardião das informações e representante dos interesses coletivos, o síndico desempenha um papel crucial na prevenção de conflitos, medindo e resolvendo divergências, promovendo a observância das regras internas e decisões da assembleia, e facilitando a construção de um ambiente harmonioso e acolhedor para todos os envolvidos no condomínio.

5. DECISÕES JUDICIAIS E SEUS EFEITOS NO CONVÍVIO DOS CONDÔMINOS

5.1. RECORTES DE ACORDÃOS JUDICIAIS EM CONDOMÍNIOS EDILÍCIOS

Tribunal: TJSP

(cn)

EMENTA

APELAÇÃO – AÇÃO DE OBRIGAÇÃO DE FAZER CUMULADA COM DANOS MORAIS – CONDOMÍNIO EDILÍCIO – MORADORAS PORTADORAS DE DEFICIÊNCIA – AUSÊNCIA DE ACESSIBILIDADE – DANOS MORAIS CONFIGURADOS - VAGAS DE GARAGEM – DILAÇÃO DE PRAZO PARA REALIZAÇÃO DAS OBRAS NO LOCAL

- O Estatuto da Pessoa com Deficiência prevê que as regras de acessibilidade se aplicam às edificações já existentes – rampa de acesso, porta de vidro, rebaixamento dos interfones, vagas de garagem;

- Dano moral configurado: negligência da síndica e do condomínio para com as autoras, pois mesmo após pedidos de auxílio e mudanças internas, as medidas não foram feitas, além de ter sido negado auxílio dos funcionários;

- Dilação do prazo para realização das obras na garagem do condomínio.

RECURSO PARCIALMENTE PROVIDO (TJSP - Acórdão Apelação 1021847-76.2016.8.26.0003, Relator(a): Des. Maria Lúcia Pizzotti, data de julgamento: 27/02/2018, data de publicação: 06/03/2018, 30ª Câmara de Direito Privado)

Tribunal:TJSP

Processo:Apelação 1001844-03.2017.8.26.0606

Relator:Des. Adilson de Araujo

Órgão Julgador:31ª Câmara de Direito Privado

Data do Julgamento:15/07/2018

Data de Publicação:15/07/2018

Tipo:Acórdão

EMENTA

APELAÇÃO. CONDOMÍNIO EDILÍCIO. AÇÃO DE OBRIGAÇÃO DE FAZER CUMULADA COM INDENIZAÇÃO DE LUCROS CESSANTES E DANO MORAL. SUSPENSÃO DO FORNECIMENTO DE ÁGUA EM RAZÃO DE INADIMPLÊNCIA. CONDUTA IRREGULAR DO CONDOMÍNIO, MAS COM BASE EM

PROVIDÊNCIA APROVADA EM ASSEMBLEIA. CONDENAÇÃO DO CONDOMÍNIO AO PAGAMENTO DE INDENIZAÇÃO POR DANO MORAL. IMPOSSIBILIDADE. RECURSO NESTA PARTE PROVIDO. Não é possível a condenação dos réus ao pagamento de indenização por dano moral, pois a medida foi adotada, em princípio, com apoio em suas normas internas. Além disso, ainda que injustamente impedido de usufruir de serviço essencial, o autor contribuiu de maneira importante para a ocorrência dos fatos, pois estava inadimplente em razão do pagamento de boleto referente a unidade diversa da sua, constando em aberto a mensalidade da unidade do autor. Não é razoável onerar ainda mais os demais condôminos, que cumprem rigorosamente com suas obrigações, ao pagamento de indenização ao condômino que se tornou inadimplente em decorrência de tal erro e não diligenciou para esclarecer ocorrido, embora instado a comprovar o pagamento. É certo que o condomínio agiu de forma irregular ao suspender o fornecimento de água. Todavia, conquanto notificado para apresentar o comprovante de pagamento da cota vencida, inexiste nos autos qualquer elemento que comprove que autor tenha prontamente tentado solucionar a questão. Lembre-se que o serviço de abastecimento de água é essencial, mas não é gratuito.

Tribunal:TJSP

Processo:Apelação 1039781-19.2016.8.26.0562

Relator:Des. Ricardo Pessoa de Mello Belli

Órgão Julgador:19ª Câmara de Direito Privado

Data do Julgamento:30/08/2018

Data de Publicação:30/08/2018

Tipo:Acórdão

EMENTA

Apelação – Ação declaratória c.c. indenizatória – Sentença de acolhimento dos pedidos – Irresignação parcialmente procedente – Duplicatas sem causa entregues ao banco por meio de endosso translativo – Corresponsabilidade da instituição financeira pelos indevidos protestos, por ter recebido os títulos e promovido os respectivos protestos sem antes tomar o cuidado elementar de verificar a existência de documento comprovando os negócios subjacentes e a entrega e o recebimento das mercadorias – Aplicação do raciocínio expresso na Súmula 475 do STJ – Situação dos autos em que, porém, não há como reconhecer danos morais – Condomínio edilício, porque desprovido de personalidade jurídica, não podendo sofrer dano moral, que se restringe às situações de ofensa a direitos da personalidade – Mera capacidade de estar em juízo no interesse da massa condominial não conferindo ao condomínio, por outra parte, legitimidade para reclamar por danos em verdade causados aos condôminos – Precedentes - Sentença parcialmente reformada, para a rejeição do pedido de indenização por danos morais – Sucumbência recíproca e equivalente.

Dispositivo: Deram parcial provimento à apelação.

Tribunal: TJSP

Processo: Apelação 1024773-30.2016.8.26.0100

Relator: Des. Maria Cristina de Almeida Bacarim

Órgão Julgador: 29ª Câmara de Direito Privado

Data do Julgamento: 24/04/2018

Data de Publicação: 25/04/2018

Tipo: Acórdão

EMENTA

Apelação. Ação de Cancelamento de Protesto com Pedido de Indenização por Danos Morais.

Condomínio Edilício - Protesto de dívidas condominiais - Sentença de parcial procedência - Apelo do réu apenas no tocante ao dano moral - Inadimplência incontroversa - Dano moral não configurado - Sentença reformada.

Apelo provido.

Tribunal: TJRJ

Processo: Apelação 0012788-76.2007.8.19.0202

Relator: Des. Fernando Foch de Lemos Arigony da Silva

Órgão Julgador: 3ª Câmara Cível

Data do Julgamento: 06/07/2017

Data de Publicação: 06/07/2017

Tipo: Acórdão

EMENTA

DIREITO CIVIL. CONDOMÍNIO EDILÍCIO. MULTA. ALTERAÇÃO DE FACHADA NÃO CONFIGURADA. DESCABIMENTO DA SANÇÃO. REPETIÇÃO. DANO MORAL. INEXISTÊNCIA. Ação proposta por condômina a buscar a condenação de condomínio edilício cancelar multa aplicada em razão de obra que supostamente alterou a fachada do prédio, repetir em dobro o indébito e indenizar dano moral. Sentença de parcial procedência que, reconhecendo o descabimento da sanção, condena o réu a cancelá-la e repetir o indébito. Apelo de ambas as partes.

1. Demonstrado que a obra realizada pela condômina não operou violação à convenção condominial, é descabida a sanção cominada sob tal fundamento.

2. Não tendo havido cobrança de dívida paga, não há falar em repetição em dobro (Código Civil, art. 940)

3. A cobrança por errônea interpretação não constitui ato ilícito, mas exercício regular do direito.

4. Por outro lado, os dissabores dela decorrentes, por si, não configuram dano moral se não demonstrada efetiva violação à honra e à dignidade.

5. Recursos aos quais se nega provimento.

Tribunal: TJRJ

Processo: Apelação 0029907-97.2009.8.19.0002

Relator: Des. Ferdinaldo do Nascimento

Órgão Julgador: 19ª Câmara Cível

Data do Julgamento: 29/05/2018

Data de Publicação: 29/05/2018

Tipo: Acórdão

EMENTA

APELAÇÃO CÍVEL. AÇÃO DE OBRIGAÇÃO DE FAZER. DANO MORAL. RITO ORDINÁRIO. CONDOMÍNIO EDILÍCIO. Infiltrações em unidade autônoma provenientes de fissuras existentes na alvenaria externa do apartamento. Destruição da parede de um dos quartos. Sentença procedente. Condenação da ré em danos morais. Apelo da autora pugnando pela majoração do dano moral de R$ 5.000,00 para R$ 20.000,00. Quantia fixada com justeza e dentro do critério da razoabilidade, não devendo, assim, ser modificada, pois, como visto, os fatos narrados nos autos foram adequadamente sopesados, não havendo lesão grave a ponto de justificar um valor indenizatório mais exacerbado. O arbitramento da verba indenizatória deve operar-se com moderação, proporcionalmente, considerando o grau de culpa e o porte econômico das partes, orientando-se o Juiz pelos critérios sugeridos pela doutrina e pela jurisprudência, com razoabilidade, *valendo-se de sua experiência e do bom senso, atento à realidade da vida e às peculiaridades de cada caso. Quantum fixado com prudência e razoabilidade, não merecendo a pretendida alteração APELO CONHECIDO E DESPROVIDO.*

Tribunal:TJRJ

Processo:Apelação 0387795-80.2011.8.19.0001

Relator:Des. Fernando Foch de Lemos Arigony da Silva

Órgão Julgador:3ª Câmara Cível

Data do Julgamento:11/04/2018

Data de Publicação:11/04/2018

Tipo:Acórdão

EMENTA

DIREITO CIVIL. VAZAMENTO DE ESGOTO EM UNIDADE RESIDENCIAL DECORRENTE DE FALTA DE MANUTENÇÃO DE CAIXAS DE ESGOTO E GORDURA DE CONDOMÍNIO EDILÍCIO. RESPONSABILIDADE CIVIL. FALTA DO DEVER DE CUIDADO. OBRIGAÇÃO DE PROCEDER AO DESENTUPIMENTO. DANO MORAL. *Ação ajuizada por proprietária de imóvel em face de condomínio edilício a alegar que houve vazamento de esgoto na unidade residencial decorrente de falta de manutenção de caixas de esgoto e gordura. Pedidos de condenação de o réu proceder à manutenção e ao reparo das caixas, bem* *como de indenizar dano moral. Sentença de procedência que fixa indenização em R$ 5.000,00. Apelo do réu.*

1. Não desabonada a conclusão adotada em laudo pericial de que o vazamento de esgoto na residência da autora decorreu da falta de manutenção de caixas de gordura e esgoto que incumbia ao condomínio, incumbe-lhe responder pelos danos causados (Código Civil, art. 1.277, caput).

2. Vazamento de esgoto em residência viola a dignidade, direito da personalidade, e encerra dano moral.

3. Não demonstrada objetivamente a exasperação, há manter a indenização fixada em primeiro grau de jurisdição, que coaduna com a natureza e extensão do dano e com a condição econômica das partes.

4. Recurso ao qual se nega provimento.

Tribunal:TJSP

Processo:Recurso Inominado 1000068-81.2017.8.26.0536

Relator:Des. José Wilson Gonçalves

Órgão Julgador:5ª Turma Cível Santos

Data do Julgamento:23/09/2018

Data de Publicação:23/09/2018

Tipo:Acórdão

EMENTA

CONDOMÍNIO EDILÍCIO. CONDÔMINO INADIMPLENTE. PROIBIÇÃO DE USO DE ÁREAS E SERVIÇOS COMUNS. INADMISSIBILIDADE. DANO MORAL. CARACTERIZAÇÃO. AÇÃO DO CONDÔMINO VISANDO AFASTAR O EFEITO DA DELIBERAÇÃO E À CONDENAÇÃO POR DANO MORAL. SENTENÇA NESSE SENTIDO. RECURSO DO CONDOMÍNIO. RECURSO DESPROVIDO.

Tribunal:TJRJ

Processo:Apelação 0011230-73.2015.8.19.0207

Relator:Des. Edson Aguiar de Vasconcelos

Órgão Julgador:17ª Câmara Cível

Data do Julgamento:05/12/2018

Data de Publicação:05/12/2018

Tipo:Acórdão

EMENTA

AÇÃO DE COBRANÇA C/C INDENIZATÓRIA POR DANOS MORAIS - CONTRATO DE HONORÁRIOS ADVOCATÍCIOS - ALEGAÇÃO DE CERCEAMENTO DE DEFESA NÃO CONFIGURADO - PROVA

TESTEMUNHAL IRRELEVANTE PARA O DESLINDE DO FEITO - DESÍDIA NA PRESTAÇÃO DOS SERVIÇOS ADVOCATÍCIOS DO DEMANDADO DEMONSTRADA - RECONHECIMENTO PELO RÉU DE VALORES RETIDOS INDEVIDAMENTE - DEVOLUÇÃO QUE SE IMPÕE - DANO MORAL NÃO CONFIGURADO - CONDOMÍNIO EDILÍCIO DESPROVIDO DE PERSONALIDADE JURÍDICA - PEDIDO RECONVENCIONAL - PAGAMENTO EM DOBRO DO VALOR COBRADO COM BASE NO ART. 940 C.CIVIL - INDEVIDO - SANÇÃO APLICÁVEL SOMENTE NA HIPÓTESE DE DEMONSTRADA MÁ-FÉ - HONORÁRIOS ADVOCATÍCIOS SUCUMBENCIAIS DEVIDOS AO RECONVINTE CUJO PAGAMENTO TENHA SIDO DEMONSTRADO - AUSÊNCIA DE DANO MORAL - DEVIDO O PAGAMENTO PELO CONDOMÍNIO RECONVINDO RELATIVO A DUAS MENSALIDADES INADIMPLIDAS ORIUNDAS DO CONTRATO ADVOCATÍCIO FIRMADO - VALORES QUE DEVERÃO SER DESCONTADOS DO TOTAL A SER RESTITUÍDO AO CONDOMÍNIO - SENTENÇA QUE MERECE PARCIAL REPARO.* Não há falar em cerceamento de defesa, quando a matéria controvertida ficou suficientemente esclarecida pela prova documental, sendo desnecessária a oitiva de testemunha. Reconhecimento pelo réu de apropriação indevida de quantia pertencente ao condomínio-autor. Dano moral não configurado. Condomínio edilício é ente despersonalizado insuscetível de sofrer danos de natureza moral. Demonstrada a desídia do réu em sua atuação como patrono. Condutas que denotam falhas técnicas no desempenho profissional das obrigações contratuais assumidas. Pedido contraposto rejeitado, não sendo adequado à hipótese dos autos.

Reconvenção em peça autônoma, nos mesmos termos do pedido contraposto. Não merece prosperar o pedido de pagamento em dobro dos valores, sob alegação de cobrança excessiva, tendo em vista que, além de devido grande parte dos valores, a sanção prevista no art. 940 do C.Civil só incide quando demonstrada a ocorrência de má-fé, dolo, ou malícia, por parte do credor, o que não restou demonstrada na hipótese em tela. Quanto aos honorários sucumbenciais postulados pelo reconvinte, somente são devidos os comprovadamente pagos pelas partes sucumbentes. Mensalidades do contrato advocatício firmado que são devidas por dois meses de inadimplência do condomínio. Dano moral não demonstrado pelo reconvinte. Ausência de comprovação de qualquer abalo a sua imagem ou reputação. Parcial provimento ao apelo.

Tribunal:TJRJ

Processo:Apelação 0287411-36.2016.8.19.0001

Relator:Des. Carlos Santos de Oliveira

Órgão Julgador:22ª Câmara Cível

Data do Julgamento:08/05/2018

Data de Publicação:08/05/2018

Tipo:Acórdão

EMENTA

APELAÇÃO CÍVEL. RESPONSABILIDADE CIVIL. DIREITO DE IMAGEM. DANO MORAL. CONDOMÍNIO EDILÍCIO. RECLAMAÇÃO EM LIVRO DE

OCORRÊNCIAS. CAPTURA DA IMAGEM DO AUTOR PARA DEMONSTRAR A PRÁTICA RECLAMADA.

1. Responsabilidade civil pelo uso indevido de imagem e ofensa à honra subjetiva provenientes de uma reclamação registrada no livro de ocorrências do condomínio pela ré, condômina tal qual o autor. Reclamação formulada em razão do constante uso, por parte do apelante, do sofá existente no hall do prédio. Nesse contexto, foi anexada à reclamação uma fotografia registrando um desses momentos em que o apelante repousava no sofá.

2. Arguição de nulidade da sentença. Alegada negativa de enfrentamento dos argumentos de que o autor/recorrente, por ser pessoa idosa e doente (Parkinson), teria maior suscetibilidade às supostas ofensas contidas na reclamação. Rejeição. Sentença cujos fundamentos prejudicam tal argumentação.

3. Mérito. O registro de reclamações no livro de ocorrências do condomínio consubstancia mecanismo legítimo por meio do qual cada condômino pode buscar resolver internamente situações que representem possível lesão ao bem comum ou ao bom convívio social. Regularidade no exercício de tal direito que não se confunde com o próprio mérito da queixa. O fato de uma reclamação ser improcedente não torna abusiva a prática.

5. No caso, apesar da relativa impolidez da expressão "extensão da sua casa" para referir-se ao "uso indevido da portaria" atribuído ao autor, o conteúdo da reclamação não se mostra desairoso. Recorrida que apenas registrou o seu incômodo com a percepção de

que o apelante atrapalha o serviço dos zeladores, reduzindo atenção que deveria estar direcionada à segurança dos condôminos, bem como presta atenção no movimento de seus vizinhos, em prejuízo de sua privacidade. Registro legítimo que não constitui afronta caracterizadora de dano moral. Pretensão autoral, cujo acolhimento, se adotado como regra, limitaria em muito o alcance prático do registro de reclamações no livro de ocorrências.

6. Uso indevido da imagem. O direito à imagem é uma projeção dos direitos da personalidade, cuja proteção se dá em âmbito constitucional (artigo 5º, X, da CRFB/88). Conceito normativo que abrange todos os traços sensíveis que identifiquem um ser humano. Nebulosidade facial da fotografia que não elide a pronta identificação do apelante, sobretudo no contexto em que a reclamação foi realizada, com a indicação de sua unidade residencial.

7. Ponderação de interesses em conflito. Direito individual à imagem e o interesse da coletividade de condôminos na proteção do bem comum. Conflito que se resolve ante a constatação da induvidosa desproporcionalidade da medida. A captura da imagem do autor e sua veiculação no livro de ocorrências, sem autorização, não consubstancia meio idôneo para demonstrar o objeto da reclamação, isto é, o uso abusivo da propriedade comum.

8. Indenização fixada em R$ 3.000,00 (três mil reais).

PROVIMENTO PARCIAL DO RECURSO.

Tribunal:TJRJ

Processo:Apelação 0009880-78.2014.8.19.0209

Relator:Des. Adolpho Correa de Andrade Mello Junior

Órgão Julgador:9ª Câmara Cível

Data do Julgamento:28/11/2017

Data de Publicação:28/11/2017

Tipo:Acórdão

EMENTA

RESPONSABILIDADE CIVIL. DANO MORAL. CONDOMÍNIO EDILÍCIO. EMBARAÇOS A OBRA. UNIDADE COMERCIAL. OBRAS. UTILIZAÇÃO INDEVIDA ENERGIA ELÉTRICA E ÁGUA. AUTORIZAÇÃO DO USO. AUSÊNCIA DE PROVA. INVASÃO DA ÁREA COMUM. FALSA COMUNICAÇÃO DE CRIME. AUSÊNCIA DE CONFIGURAÇÃO. DESPROVIMENTO. Recurso contra sentença em demanda na qual pretende o autor a condenação do réu ao pagamento de verba compensatória moral em razão dos embaraços que este, no exercício do cargo de condomínio edilício, teria criado à execução das obras de instalação de comércio em unidade por ele locada. Apelante que deixou de produzir prova acerca da alegação de existência de autorização para o uso de energia elétrica pelo síndico anterior, tornando inviável o acolhimento da argumentação. Prova testemunhal no sentido de que as obras para a instalação do restaurante do apelante extrapolaram os limites da área locada, dando conta, outrossim, de não haver o apelado *agido de forma persecutória contra o apelante, tendo suas ações sido precedidas de discussões assembleares. Comunicação às autoridades policiais acerca do uso indevido de energia elétrica que não configurou ilicitude qualquer, visto que dentro dos limites do exercício regular de direito. Apelo improvido.*

Tribunal: TJSP

Processo: Apelação 1002662-35.2015.8.26.0020

Relator: Des. Arantes Theodoro

Órgão Julgador: 36ª Câmara de Direito Privado

Data do Julgamento: 12/08/2018

Data de Publicação: 12/08/2018

Tipo: Acórdão

EMENTA

Condomínio edilício. Indenização por dano moral. Verba reclamada ao fundamento de que o condomínio suspendeu o fornecimento de água à unidade ante a falta de pagamento do valor devido pelo consumo. Postulante que não apontou fato concreto passível de ser classificado como dano daquela ordem. Indenização que não pode ser concedida a título meramente punitivo. Artigos 186 e 927 do Código Civil que anunciam ser o dano o pressuposto da indenização. Sentença confirmada. Recurso não provido.

Tribunal: TJSP

Processo: Apelação 1000897-06.2016.8.26.0663

Relator: Des. J.b. Paula Lima

Órgão Julgador: 10ª Câmara de Direito Privado

Data do Julgamento: 12/03/2018

Data de Publicação: 13/03/2018

Tipo: Acórdão

EMENTA

RESPONSABILIDADE CIVIL. CONDOMÍNIO EDILÍCIO. INSERÇÃO DE DESIGNAÇÃO PEJORATIVA AO AUTOR NO CONTROLE DE ACESSO DE VEÍCULOS. ADMINISTRADORA SEM RELAÇAO COM O SUCEDIDO. PRESTAÇÃO DE SERVIÇOS ADMINISTRATIVOS E FINANCEIROS. RESPONSABILIDADE DO CONDOMÍNIO. DANO MORAL CARACTERIZADO. INDENIZAÇÃO MANTIDA. RECURSO DA CORRÉ PROVIDO. RECURSO DO CORRÉU NÃO PROVIDO.

Responsabilidade civil. Condomínio edilício. Inserção de designação pejorativa ao autor no controle de acesso de veículos.

Administradora. Ausência de relação com o sucedido. Contrato juntado que permite entrever prestação de serviços administrativos e financeiros.

Condomínio. Responsabilidade pelo sucedido. Dano moral caracterizado. Indenização mantida (R$ 5.000,00).

Recurso da corré provido. Apelo do corréu não provido.

Tribunal:TJDFT

Processo:0717907-79.2017.8.07.0001

Relator:Des. Hector Valverde

Órgão Julgador:1ª Turma Cível

Data do Julgamento:29/08/2018

Data de Publicação:03/09/2018

Tipo:Acórdão

EMENTA

APELAÇÃO. CIVIL. INSCRIÇÃO INDEVIDA NO CADASTRO DE INADIMPLENTES. CONDOMÍNIO EDILÍCIO. INEXISTÊNCIA DE DÉBITO. DANO MORAL. FIXAÇÃO. 1. Caso em que se avalia a proporcionalidade do valor fixado a título de indenização por danos morais em razão de inscrição indevida do nome de pessoa jurídica no cadastro de inadimplentes. 2. Para a fixação do valor devido, o julgador deve utilizar os critérios gerais, como o prudente arbítrio, o bom senso, a equidade e a proporcionalidade ou razoabilidade, bem como os específicos, sendo estes o grau de culpa da parte ofensora e o seu potencial econômico, a repercussão social do ato lesivo, as condições da parte ofendida e a natureza do direito violado. 3. Analisando o contexto fático e probatório dos autos depreende-se que o valor fixado não é suficiente para reparar o dano moral sofrido pela apelada. 4. Dano moral fixado em R$5.000,00 (cinco mil reais), atendidas as peculiaridades do caso. 5. Apelação parcialmente provida.

Tribunal:TJSP

Processo:Apelação 1008055-56.2018.8.26.0562

Relator:Des. Paulo Ayrosa

Órgão Julgador:31ª Câmara de Direito Privado

Data do Julgamento:12/11/2018

Data de Publicação:12/11/2018

Tipo:Acórdão

EMENTA

CONDOMÍNIO EDILÍCIO – AÇÃO DE OBRIGAÇÃO DE FAZER C.C. INDENIZATÓRIA POR DANO MATERIAL E MORAL – SUBSTITUIÇÃO DA PRUMADA DO EDÍCIO - DANOS AO IMÓVEL DA AUTORA COMPROVADOS - IMPEDIMENTO DO USO REGULAR DOS SANITÁRIOS POR TEMPO SUPERIOR AO ACORDADO - VÍCIO NA RECOMPOSIÇÃO DOS SANITÁRIOS AO ESTADO ORIGINAL - DANO IMATERIAL CARACTERIZADO - ARBITRAMENTO EM R$ 4.000,00 - SENTENÇA DE PROCEDÊNCIA MANTIDA – RECURSO NÃO PROVIDO. Devidamente *comprovado que o preposto do réu não executou seus serviços no prazo ajustado, assim como causou danos ao imóvel da autora, sem que fosse adequadamente reparados, impedindo-a do regular exercício da plena propriedade, pertinente o reconhecimento de dano moral compensável, sendo adequado o valor arbitrado a este título.*

Tribunal:TJSP

Processo:Apelação 0068267-67.2013.8.26.0002

Relator:Des. Alexandre Coelho

Órgão Julgador:8ª Câmara de Direito Privado

Data do Julgamento:09/12/2018

Data de Publicação:09/12/2018

Tipo:Acórdão

EMENTA

APELAÇÃO – AÇÃO INDENIZATÓRIA – EXTRAVIO DE ENCOMENDA – RECEBIMENTO PELO EMPREGADO DA EMPRESA RÉ, QUE ATUAVA NA PORTARIA DE CONDOMÍNIO EDILÍCIO – RESPONSABILIDADE CIVIL DA EMPREGADORA – INCIDÊNCIA DO ART. 932, INCISO IIII, E DO ART. 933, AMBOS DO CÓDIGO CIVIL – DANOS MORAIS AUSENTES – ABORRECIMENTO INERENTE A PREJUÍZO MATERIAL QUE NÃO CARACTERIZA DANO MORAL – DERAM PARCIAL PROVIMENTO AO RECURSO.

Tribunal: TJRJ

Processo: Apelação 0007399-26.2006.8.19.0209

Relator: Des. Antônio Iloízio Barros Bastos

Órgão Julgador: 4ª Câmara Cível

Data do Julgamento: 16/05/2018

Data de Publicação: 16/05/2018

Tipo: Acórdão

EMENTA

APELAÇÃO CÍVEL. OBRIGAÇÃO DE FAZER c/c INDENIZATÓRIA. CONDOMÍNIO EDILÍCIO. VAZAMENTOS E INFILTRAÇÕES PROVENIENTES DO TELHADO DO PRÉDIO. SENTENÇA DE IMPROCEDÊNCIA. IRRESIGNAÇÃO AUTORAL. LAUDO PERICIAL CONCLUSIVO EM AFIRMAR QUE A REPARAÇÃO DO DANO É DE RESPONSABILIDADE DO RÉU. CONVENÇÃO QUE PREVÊ A RESPONSABILIDADE DO CONDOMÍNIO PELA REPARAÇÃO DE DANOS ADVINDOS DE PROBLEMAS NO TELHADO. DANO MORAL TAMBÉM PREVISTO NA CONVENÇÃO. RECURSO CONHECIDO E PROVIDO.

1. Perícia conclusiva no sentido de que o telhado não era exclusivo do autor.

2. Comprovado está o nexo de causalidade entre o evento danoso e os danos causados no imóvel.

3. Inegável, que o réu, ora apelado, se furtou de um dos seus deveres impostos pela própria Convenção de Condomínio.

4. Dano moral configurado e também previsto na própria Convenção, pelos transtornos sofridos pelo autor, bastando para evitá-los que o condomínio realizasse o conserto que lhe cabia.

5. Indenização que se fixa em R$ 20.000,00.

6. Perda de objeto do pedido de conserto e manutenção futura do telhado, pois o apartamento danificado já foi vendido e o novo proprietário realizou os reparos devidos.

7. Recurso conhecido e provido, respondendo o Condomínio pelos ônus da sucumbência, pois deu causa ao ajuizamento da ação.

Tribunal: TJSP

Processo: Apelação 1013164-15.2017.8.26.0068

Relator: Des. Caio Marcelo Mendes de Oliveira

Órgão Julgador: 32ª Câmara de Direito Privado

Data do Julgamento: 21/11/2018

Data de Publicação: 21/11/2018

Tipo: Acórdão

EMENTA

CONDOMÍNIO EDILÍCIO - Ação de indenização desacolhida – Apelação - Furto ocorrido em unidade condominial – Cerceamento de defesa configurado, com o julgamento sem abertura de instrução, em questão eminentemente de fato – – A convenção condominial apenas ressalva inexistência de responsabilidade objetiva do condomínio, por danos sofridos pelos condôminos, mas ressalva a responsabilidade culposa – Sentença anulada – Recurso provido.

Tribunal:TJSP

Processo:Apelação 1000634-81.2015.8.26.0477

Relator:Des. Antonio Nascimento

Órgão Julgador:26ª Câmara de Direito Privado

Data do Julgamento:05/11/2018

Data de Publicação:05/11/2018

Tipo:Acórdão

EMENTA

APELAÇÃO – CONDOMÍNIO – AÇÃO DE INDENIZAÇÃO POR DANOS MATERIAIS – RESPONSABILIDADE CIVIL. Furto de motocicleta ocorrido na garagem do condomínio edilício. Ausência de culpa do requerido, ente despersonalizado, pressuposto obrigatório do dever de indenizar. Inexistência de previsão, na convenção, estipulando a assunção da responsabilidade pelo condomínio. Impossibilidade, na espécie, de socialização do prejuízo. Sentença de improcedência mantida. Precedentes deste Sodalício e do STJ. RECURSO DESPROVIDO.

Tribunal:TJRJ

Processo:Apelação 0148353-81.2017.8.19.0001

Relator:Des. Luiz Roldao de Freitas Gomes Filho

Órgão Julgador:2ª Câmara Cível

Data do Julgamento:05/12/2018

Data de Publicação:05/12/2018

Tipo:Acórdão

EMENTA

APELAÇÃO CÍVEL. AÇÃO DE RESPONSABILIDADE CIVIL POR DANOS MORAIS. CONDOMÍNIO EDILÍCIO. INSTALAÇÃO DE CIRCUITO INTERNO DE TV APROVADO EM ASSEMBLÉIA GERAL EXTRAORDINÁRIA. CÂMERA INSTALADA NO CORREDOR DE ACESSO À UNIDADE IMOBILIÁRIA DO AUTOR. ALEGAÇÃO DE CAPTAÇÃO DO INTERIOR DE SUA RESIDÊNCIA.

SENTENÇA DE PARCIAL PROCEDÊNCIA DETERMINANDO A REINSTALAÇÃO DAS CÂMERAS COLOCADAS NO ANDAR EM QUE LOCALIZADO O

APARTAMENTO DO DEMANDANTE, COM REJEIÇÃO DO PLEITO DE RESSARCIMENTO PELOS DANOS EXTRAPATRIMONIAIS.

APELO DE AMBOS OS LITIGANTES. PROVA PERICIAL CONCLUSIVA NO SENTIDO DE CAPTAÇÃO PARCIAL DA SALA DE ESTAR DO AUTOR. DIREITO À INTIMIDADE E VIDA PRIVADA GARANTIDOS CONSTITUCIONALMENTE NO ART. 5º, X, DA CARTA MAGNA.

DANO MORAL CONFIGURADO. QUANTIA QUE SE ARBITRA EM OBSERVÂNCIA AOS PRINCÍPIOS DA RAZOABILIDADE E PROPORCIONALIDADE, OBSERVANDO-SE AS PECULIARIDADES DO CASO CONCRETO.

SENTENÇA QUE SE REFORMA EM PARTE.

DESPROVIMENTO DO RECURSO DO RÉU.

PARCIAL PROVIMENTO AO RECURSO DO AUTOR.

Tribunal:TJDFT

Processo:0700966-60.2018.8.07.0020

Relator:Des. Romeu Gonzaga Neiva

Órgão Julgador:7ª Turma Cível

Data do Julgamento:31/10/2018

Data de Publicação:07/11/2018

Tipo:Acórdão

EMENTA

PROCESSO CIVIL. AÇÃO DE COBRANÇA. TAXA CONDOMINIAL. CITAÇÃO VÁLIDA. REVELIA. CORREIO. RECEBIMENTO EM CONDOMÍNIO EDILÍCIO. LITIGANCIA DE MÁ-FÉ. AUSENCIA. 1. Uma vez deferida a citação pelos correios, não padece de vício a citação entregue ao funcionário da portaria nos condomínios edilícios, conforme estipulado no § 4º, do art. 248, do Código de Processo Civil 2. Incabível é a condenação por litigância de má-fé quando não se vislumbra qualquer tentativa dolosa de causar dano à parte contrária, ou de procrastinar o feito desnecessariamente. 3. Recurso conhecido e desprovido. Unânime.

Tribunal: TJRJ

Processo: Apelação 0091424-98.2012.8.19.0002

Relator: Des. Elton Martinez Carvalho Leme

Órgão Julgador: 17ª Câmara Cível

Data do Julgamento: 22/08/2018

Data de Publicação: 22/08/2018

Tipo: Acórdão

EMENTA

APELAÇÃO. NULIDADE DA ASSEMBLEIA GERAL EXTRAORDINÁRIA. NECESSIDADE-UTILIDADE. SUBSISTÊNCIA DA PRETENSÃO INDENIZATÓRIA. AUSÊNCIA DE OFENSA A DIREITO DA PERSONALIDADE. MERO ABORRECIMENTO DECORRENTES DA VIDA EM CONDOMÍNIO EDILÍCIO. INTELIGÊNCIA DA SÚMULA 75 DESTE TRIBUNAL. DANO MORAL NÃO CONFIGURADO. DESPROVIMENTO DO RECURSO. 1. Não subsiste a necessidade-utilidade do processo quanto à pretensão de declaração de nulidade da assembleia condominial, como expressamente reconhecido pela parte autora, uma vez que já foram realizadas outras assembleias condominiais após a realização da assembleia objeto do presente, eis que a recondução ao encargo de síndica se limitava à administração condominial daquele período, já transcorrido. 2. Não obstante o fato de que a assembleia condominial deve observar as garantias advindas do devido processo legal, dentre eles o quorum mínimo exigido para determinadas deliberações, a narrativa dos fatos não revela situações exorbitantes ou violadoras do direito da personalidade, não constituindo qualquer gravame moral. 3. Hipótese em exame que não traduz ofensa a direito da personalidade, revelando mero aborrecimento que é próprio da vida numa coletividade de condôminos. 4. Inteligência da Súmula 75 deste Tribunal. 5. Dano moral não configurado. 6. Majoração dos honorários sucumbenciais em sede recursal. 7. Desprovimento do recurso.

Tribunal: TJSP

Processo: Apelação 1028004-31.2017.8.26.0100

Relator: Des. Antonio Nascimento

Órgão Julgador: 26ª Câmara de Direito Privado

Data do Julgamento: 12/09/2018

Data de Publicação: 12/09/2018

Tipo: Acórdão

EMENTA

APELAÇÃO CÍVEL – CONDOMÍNIO EDILÍCIO – REPARAÇÃO DE DANOS C.C. OBRIGAÇÃO DE FAZER – PERTURBAÇÃO SONORA. Ruído provocado por bomba de água. Elementos dos autos que não indicam a inércia da parte quanto à tomada das devidas providências visando à redução dos ruídos. Situação, ademais, que não extrapola os limites aceitáveis de convívio em sociedade, insuscetível, por isso, de gerar abalo moral. PRELIMINAR AFASTADA. RECURSO DESPROVIDO.

Tribunal: TJSP

Processo: Apelação 1011448-44.2017.8.26.0361

Relator: Des. Edgard Rosa

Órgão Julgador: 25ª Câmara de Direito Privado

Data do Julgamento:27/06/2018

Data de Publicação:03/07/2018

Tipo:Acórdão

EMENTA

CONDOMÍNIO EDILÍCIO – AÇÃO ANULATÓRIA DE MULTA CONDOMINIAL C/C INDENIZAÇÃO POR DANOS MORAIS JULGADA IMPROCEDENTE – PRETENSÃO À REFORMA – IMPOSIÇÃO DE MULTA POR VIOLAÇÃO AOS DEVERES LEGAIS E CONVENCIONAIS DE RESPEITAR O SOSSEGO DOS DEMAIS CONDÔMINOS – INTELIGÊNCIA DO ART. 1.336, IV E § 2º DO CÓDIGO CIVIL – FARTA PROVA DOCUMENTAL A CORROBORAR A REGULARIDADE DA APLICAÇÃO DA MULTA, FUNDADA EM INFRAÇÃO À CONVENÇÃO DE CONDOMÍNIO – REGULAR OBSERVÂNCIA DO PROCEDIMENTO PARA IMPOSIÇÃO DA MULTA – PENALIDADE PRECEDIDA DE ADVERTÊNCIA ESCRITA AO CONDÔMINO INFRATOR – INEXISTÊNCIA DE OFENSA AO PRINCÍPIO DO CONTRADITÓRIO E DA AMPLA DEFESA – DANO MORAL NÃO CONFIGURADO – COBRANÇA DEVIDA – IMPOSIÇÃO DE SANÇÃO PECUNIÁRIA E POSTERIORES ATOS DE COBRANÇA QUE OCORRERAM EM EXERCÍCIO REGULAR DE DIREITO, NÃO HAVENDO DEMONSTRAÇÃO DE QUALQUER ATO DE DISCRIMINAÇÃO – SENTENÇA MANTIDA.

- Recurso desprovido.

5.2. FORMAS DE PREVINIR LIDES EM CONDOMÍNIOS EDILÍCIOS

Os condomínios edilícios, cada vez mais densamente habitados, enfrentam desafios recorrentes que podem culminar em conflitos. Essas questões, como falhas em tubulações hidráulicas, deficiências na manutenção, problemas relacionados a animais de estimação, disputas por vagas de estacionamento, inadimplência nas taxas condominiais, invasões de privacidade e distúrbios da paz, frequentemente causados por ruídos, incluindo barulho de crianças e poluição sonora, exigem uma atuação diligente e assertiva por parte do síndico e da administração do condomínio. Tal intervenção visa mitigar os impactos, proporcionar soluções imediatas e prevenir a escalada desses problemas para o âmbito judicial.

Nesse contexto, é imprescindível que o síndico e a administração do condomínio mantenham uma vigilância constante, adotando uma postura tanto preventiva quanto reativa diante de tais ocorrências. Esta abordagem proativa é fundamental para impedir que conflitos evitáveis se concretizem ou prevaleçam, potencialmente acarretando custos materiais e danos morais para os envolvidos.

Assim, cabe ao síndico e à administração do condomínio empregar efetivamente os canais de comunicação, realizar um planejamento financeiro adequado, implementar um plano de manutenções periódicas e elaborar um plano de ações e manuais operacionais. Estas medidas são essenciais para assegurar uma gestão preventiva e reativa eficaz, com o objetivo de cessar, minimizar e prevenir problemas que possam originar conflitos prolongados e reclamações de danos morais por parte dos condôminos.

6. CONCLUSÃO

Este trabalho concentrou-se na análise profunda do dano moral em condomínios edilícios, conforme estipulado nos artigos 1.331 a 1.358 do Código Civil Brasileiro.

Abordamos as características, propriedades e peculiaridades, bem como as idiossincrasias dos condôminos e as especificidades dos condomínios edilícios.

Esses aspectos frequentemente culminam em litígios que saturam o sistema jurídico nacional com reivindicações de danos morais. Identificamos que, na maioria dos casos, tais litígios poderiam ser prevenidos e evitados com a implementação de estratégias administrativas preventivas e soluções extrajudiciais.

Ressaltamos a importância de fóruns extrajudiciais e a adesão a normativas técnicas específicas, incluindo as normas da Associação Brasileira de Normas Técnicas (ABNT).

Adicionalmente, destacamos o papel vital de um planejamento e preparação aprimorados por parte dos gestores, síndicos e administração dos empreendimentos edilícios.

A ênfase recai sobre a utilização de sua prerrogativa de representar a maioria dos condôminos, agir como guardiões do regimento interno e da convenção do condomínio, mediar conflitos internos e gerenciar os canais oficiais de comunicação dos condomínios edilícios.

Estas ações são fundamentais para a prevenção de disputas e a manutenção de um ambiente harmonioso nos condomínios.

7. REFERÊNCIAS BIBIOGRÁFICAS

ABNT. NBR 9050:2004. Associação Brasileira de Normas Técnicas.

ANDRADE, André Gustavo C. de. A Evolução do Conceito de Dano Moral. Revista da EMERJ, v. 6, n. 24, 2003.

BRASIL. Decreto nº 5.296 de 2 de dezembro de 2004.

BRASIL. Lei nº 9.099, de 26 de setembro de 1995. Juizados Especiais Cíveis e Criminais.

BRASIL. Lei nº 10.406, de 10 de janeiro de 2002. Código Civil.

BRASIL. Lei nº 13.105, de 16 de março de 2015. Código de Processo Civil.

DALVI, Fernando. Administração de Condomínios Edilício. 1. ed. São Paulo: Ciência Moderna, 2018.

FILHO, Rubens Carmo Elias. Condomínio Edilício, Aspectos de Direito Material e Processual. 1. ed. São Paulo: Atlas, 2015.

HORÁCIO, Van. Manual Prático Do Condomínio, Síndico E Condôminos. 1. ed. São Paulo: Cronus, 2018.

LUZ, Orandyr Teixeira. O Condomínio & Você. Práticas de Gestão Condominial. 1. ed. São Paulo: Juruá, 2018.

OLIVEIRA, Francisco Antonio de. Do dano moral. Revista do Instituto de Pesquisas e Estudos, Bauru BDJur, 1998. Disponível em: http://bdjur.stj.jus.br/dspace/handle/2011/20044.

Portal de Jurisprudências do Conselho Federal da Ordem dos Advogados do Brasil - OAB. Disponível em: https://jurisprudencia.oab.org.br/.

SANTOS, Antonio Jeová. Dano Moral Indenizável. 6. ed. São Paulo: Jus Podivm, 2016.

www.ingramcontent.com/pod-product-compliance
Lightning Source LLC
Chambersburg PA
CBHW030451220526
45464CB00006B/2487